この本の中から
具体的な事例を選んで
書いてみよう

★福祉・医療業界が、情報を活かすことによって便利になることや、私たち利用者が考えなくてはいけないことをまとめよう。

名前　情報 太郎

この本を読んで、私たちが利用している病院がこんなにたくさんの情報を使っていることに、おどろきました。特に、オンライン診療では、家からお医者さんにみてもらえてびっくりです。

病院に行かなくてすむので、遠くに住んでいる人や体が不自由な人も助かります。

でも、少し気になることがあります。それは、個人の情報が知らない間に、いろいろな人に知られてしまっているかもしれないということです。便利になることと同時に、プライバシーを守るしくみのこともよく知る必要があるなと思います。

この用紙は、本のおわりにあります。

※本を買った人も借りた人も自由に使ってください。

情報を活かして発展する産業

社会を変える
プログラミング

福祉・医療

保育園、点字図書館、病院 ほか

監修：澤井陽介
国士舘大学教授

汐文社
ちょうぶんしゃ

はじめに

　みなさんは「ソサイエティ5.0」という言葉を聞いたことがありますか。大昔の狩りや猟が中心だった社会がソサイエティ1.0、農耕が中心だった社会がソサイエティ2.0、工業社会がソサイエティ3.0、情報社会がソサイエティ4.0で、現在はソサイエティ5.0という情報化による革新がさらに進んだ社会であるという意味で使われている言葉です。この本の中に出てくる「インターネット」「ロボット」「アプリ」などによって、産業や人々の生活の様子が大きく変わる時代を表しています。これからみなさんは、そんな時代を生きていくわけです。

　多くのみなさんが将来、産業社会へ出て働くようになることを考えると、こうした社会の変化に関心をもっておくことはとても大切なことです。この本は、小学校第5学年の社会科の内容「情報を活かして発展する産業」の学習に活用できるように作りましたが、それだけではなく、未来の社会へ手を伸ばして成長していこうとする多くのみなさんに読んでいただきたいと思っています。

　これからの社会は、多種多様な情報を大量かつ迅速に活用することで、これまでの社会の変化とは次元が異なるスピードで変化し、人々が予想できないくらい大きく変わろうとしています。ますます便利になる一方で、気を付けなければいけないことも増えてくることでしょう。この本の続きは、みなさんが自分の力で情報を活用して調べ続けていく必要があるかもしれません。そして、明るく豊かな未来社会を目指していってほしいと思います。

国士舘大学　澤井 陽介

もくじ

世の中は  であふれている!?

　遠足の前日は天気が気になるよね。そんなときはみんなも天気予報を見るんじゃないかな？

　「明日は晴れ」という「情報」を知ることで、遠足の準備ができるね。私たちが生きている社会ではさまざまな情報が使われているんだ。この本では、私たちの身の回りでどんな情報がどのように活かされているかを考えていくよ。

あらゆる情報を教えてくれるテレビや新聞

　天気予報を見るときにも役立つのがテレビや新聞だね。世の中に起こっている事件や、さまざまな新しい情報を整理してわかりやすく伝えてくれるよ。

情報のあり方を変えるプログラミング

　今まで、紙や人の力で管理していた情報がデジタル化されることで、利用できる範囲が広がったよ。コンピューターを使ったプログラミングで、身近なサービスがどう変わっていったかを見てみよう。

いろいろな仕事を自動化する
販売業・飲食業

みんなの身近にあるコンビニエンスストアやスーパーマーケットなども、情報を使って仕事を自動化しているよ。たとえば、今まで店員がバーコードを読み取って行っていたレジでのお会計が機械でできるようになったんだよ。

ロボットやアプリで便利になる
運輸業・観光業

大量の商品が置いてある倉庫では、商品の情報を元に、ロボットが荷物を運ぶよ。観光地では、位置情報を利用して、観光客にその場所のお得な情報を知らせるアプリを提供しているよ。

人々の安全で豊かな生活を支える
福祉・医療

点字図書館では、本を朗読してくれるAI機器で、目が見えにくい人でも読書を楽しめるよ。病院では、患者の情報を整理し、医師の研究をサポートするシステムが活躍しているよ。

保育園
—— 輝きベビー保育園

⑦ 子どもたちの安全を守るため 保護者や地域と情報共有

睡眠の様子を
こまめに記録するよ

保育計画を
考えているの

連絡帳は、
通勤電車で
スマホ入力するよ

ICカードをかざせ
ば、来た時間が
記録されるの

　お父さんお母さんが働いている間、子どもたちのお世話をしてくれる保育園。

　保育士や栄養士は、絵本を読み聞かせたり、お散歩にも行ったり、ごはんやおやつを食べさせたり、大忙し。

　0歳から5歳までの子どもたちが、82人通っている、「輝きベビー保育園」の様子をのぞいてみましょう。

保育士さんの1日

時間	仕事
7:30	子どもたちを出迎える
	保護者からの電話を受ける
8:00	体温をはかり体調を確認する
9:30	朝の会をして、子どもの体調などの情報を共有する
10:00	地域の公園へお散歩に出かける
11:30	お昼ごはんを用意し、記録する
	お昼寝をさせて、記録する
	保護者との連絡帳を書く
15:00	おやつを用意し、記録する
15:30	絵本の読み聞かせや工作をする
17:00	子どもたちを見送る
	保育計画を作り、行事の準備をする

出迎えをしながら、欠席の電話も受けるので大忙し

記録を書くのも大切だけど、もっと子どもたちと遊んであげたいわ

栄養バランスの管理が大変なの

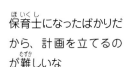

保育士になったばかりだから、計画を立てるのが難しいな

代表の声

　息子が赤ちゃんだったとき、保育園がどこも満員で困ってしまったことがありました。同じ苦労をする人を減らしたいと思ったのが、保育園を作った理由です。

　保育園をはじめてみると、保育に関係する人は忙しく、疲れていることに気が付きました。子どもが輝くために、まわりの大人にも輝いてほしい、そんな願いをこめて、保育園を運営しています。

　そのために、ＩＴなどを活用し、保育士や保護者の負担を減らす工夫を取り入れています。これからも、みんながもっと笑顔になれるように、新しい挑戦をしていきたいと思っています。

園代表　赤松卓人さん

保育計画システム

子ども一人一人に計画を

保育士の大切な仕事のひとつに、保育計画の作成があります。

保育計画とは、子どもたち一人一人の成長に合わせて、どんなことができるようになってほしいか、そのためにどんな遊びをするかなどの予定のこと。

そして1日の終わりには、計画どおりにできたかの記録もしています。

週・日　保育計画【2020年1月20日～24日】

なまえ：じょうほう　たろう
保育の目標：保育者や友だちとかかわったり、感覚遊びを十分に楽しむ

	1月20日	1月21日
行事	身体測定	
ねらい	指先を動かしながらクレヨンで遊ぶ	歩いたり物を使って遊ぶことを楽しむ
活動	9:00　おむつがえ	9:00　おむつがえ
	10:00　お絵描き・シール遊び	10:00　散歩（どんぐり山公園）
	10:50　手洗い	10:50　手洗い
	11:15　昼食	11:15　昼食

一人一人の保育計画を毎日立てています

過去の情報を利用する

計画作りには、過去の記録や、研究の結果が集められた「保育計画システム」が役に立ちます。

ゼロから計画を立てるのではなく、子どもに合う計画が選べるようになっていて、経験のまだ少ない、若い保育士でも、よい計画をすばやく作ることができます。

タブレットで保育計画を作る保育士

効果
●経験の差によらず、よい保育計画が作れる

保護者アプリ

アプリで朝の連絡も簡単

　朝の出迎えの時間は、保護者と会話をしながら、子どもからも目がはなせません。そのうえ同じ時間に、欠席や遅刻の電話も次々かかってきます。

　そこで、保護者との出欠連絡用のアプリを導入しました。スマホやタブレットで、かんたんに連絡ができるので、電話での対応が減り、ゆとりをもって出迎えができるようになりました。

「CoDMON」のICカードを使った
登降園や入退室管理システム

ICカードで登降園時間を記録

　保護者も朝は大忙し。子どもを保育園にあずけたら、仕事に向かいます。今まで保護者はノートに登降園時間を書いていましたが、その手間をなくすため、ここでもアプリが役立ちます。

　ICカードやスマホをかざすと、一瞬で保育園に入った時間の記録が完了。手間が減るだけでなく書き間違いも防ぐことができます。

スマホやタブレットで 空いた時間に連絡帳

保育園では、保護者と保育士が毎日連絡帳を交換しています。連絡帳には、保育士が園での食事や生活の様子を、保護者が家庭での様子を書きます。

以前はノートを使っていましたが、今はスマホやタブレットを使って簡単に記入できる連絡帳のアプリが活躍中。

園の行事や災害情報なども、保護者に一括送信できるようになり、情報の共有がスムーズになりました。

保護者からも、通勤電車などの空いた時間に記入できて便利と好評です。

連絡帳　行事案内

今日は公園にお散歩に行きました。たろうくんはお花を見つけてお友だちにプレゼントをしていました。

効果

●連絡が簡単にできる
●写真を付けたくわしい様子の共有ができる

保育士の声

保育士　菅谷恵里さん

紙の連絡帳は、子ども一人に一冊なので、ノートの管理だけでも大変でした。また、食事など共通の内容でも一人一人手書きする必要がありました。

連絡帳がアプリになったことで、何十冊ものノートを運ぶ必要がなくなり、共通の内容はコピーして効率よく記入できます。

また、スマホで撮った写真を簡単に付けられることも、いいところです。保護者のみなさんに喜んでもらえて、会話のきっかけにもなっています。そして何より、効率化できた時間で、子どもたちとたくさん遊べるようになったのがうれしいですね。

お散歩マップ

「お散歩マップ」で安全を共有

　お散歩は大切な学びの場ですが、安全には十分に気を付ける必要があります。

　保育園では、町の様子を調べ「どの道順が安全か」「どの場所で何に注意するか」などの情報をまとめた「お散歩マップ」を作りました。

　保育士にとってお散歩のガイドになることはもちろん、保護者も子どもがどこに行くのかがわかり安心です。

　また、保護者の中には、引っ越してきたばかりで、地域にくわしくない人もいます。まわりの観光地などの情報も書くことで、地域を知ってもらうことにも役立つのです。

　マップは、みんながすぐに見られるよう、入ってすぐの玄関に大きく貼られています。

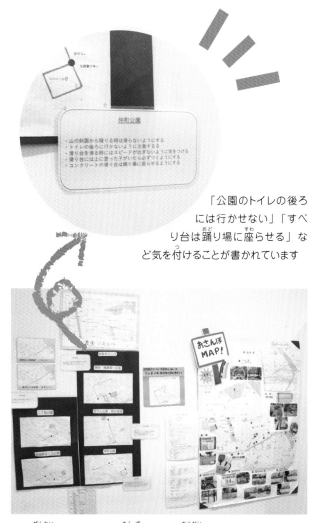

「公園のトイレの後ろには行かせない」「すべり台は踊り場に座らせる」など気を付けることが書かれています

町全体のマップと、お散歩ルートを拡大したマップがあります

考えてみよう

みんなの町で、お散歩マップを作るとしたら、どんな情報を入れるかな?

効果

●安全にお散歩ができる
●保護者に町を知ってもらえる

食事管理システム

栄養士の仕事をサポート

　子どもたちのお楽しみ、ごはんとおやつ。子どもの年齢に合わせ、栄養バランスのよい献立を考えるのが栄養士です。アレルギーのある子どもには、特別メニューを用意します。

　献立情報の管理で使われるのは、「食事管理システム」。献立を選べば、必要な材料や、栄養素やカロリーの量を計算して教えてくれます。

　システムを上手に使って、効率よく食事を用意しているのですね。

| 入力 | コピー |

献立	昼食 じゃがいものカレー
食数	米 じゃがいも
料理	ひき肉 グリンピース カレー粉 にんじん
食品	
設定	おやつ さつまいものレモン煮
管理	さつまいも レモン バター 砂糖
メモ	

こどもたちの大好きなカレー。
おやつは、芋ほりでとってきたものを使いました。

栄養素グラフ

食事管理システムを使うと、食材や栄養素が一目でわかります

効果
●栄養バランスがよく、安心・安全な食事ができる

栄養士の声

ごはんを作る栄養士たち

　栄養バランスのよい献立を考えるのが、栄養士の仕事です。でも、考えることはそれだけではありません。味覚の発達を助けるよう、旬の食材を使ったり、うす味にしたり、おやつも素材の味を活かした芋などを使っています。

　アレルギーには特に気を付ける必要があるので、保護者と一緒に献立を確認することもあります。

　頭の中だけで献立を管理するのは大変です。食事管理システムは、私たちの仕事を助けてくれています。おいしそうに食べる子どもたちの笑顔を見ると、毎日ホッとしますね。

福祉② 点字図書館 （視覚障害者支援サービス）
── 豊島区立中央図書館 ひかり文庫
最新技術と豊富なサービスで読書バリアフリーを

2020年に50周年を迎える、豊島区立中央図書館内の点字図書館「ひかり文庫」。法律で定められた目が見えない、見えにくい人たちを支援する施設です。

ボランティアによる対面での朗読や、点字・録音図書の作成などの取り組みをしています。そして、より快適に読書ができるように最新技術を取り入れています。

点字図書などを読む部屋

AI読書機器で好きな本が読めるよ

どんな人でも、自由に読書を楽しめるようにすることを、「読書バリアフリー」というよ

点字を勉強する部屋

点字の読み方を教えてもらうよ

対面で朗読する部屋

ボランティアの人が読んでくれるの

AI 読書機器

耳で聞いて本を楽しむ

　目が見えない人や、見えにくい人でも、ボランティアによる対面での朗読や、本を読んだ声を収録した録音図書で読書を楽しむことができます。

　しかし、録音図書になっている本は限られています。また、ボランティアがいるときしか本を読むことができませんでした。

AI 読書機器をメガネにつけて読書できます

スピーカー
カメラで認識した文字を読み上げる

高性能カメラ
読みたい文字にカメラを向けると文字を認識

※写真は「OrCam MyEye 2」

AI が読んでくれる！

　ひかり文庫では、AI を搭載した最新の読書機器「OrCam MyReader 2」を導入。メガネに取り付けて、カメラを本に向けると、文字を認識し、音声で読み上げてくれます。

　この機械を使えば、気に入ったところを繰り返し読むこともでき、耳で聞く読書を楽しめるようになります。

効果

●「いつでも」「好きな本」を
　AI に読んでもらえる

15

点字図書

点字図書を増やすために

ひかり文庫では、点字図書の貸し出しだけでなく、点字図書を作っています。

まず、利用者の要望などから、点訳する本を決めます。そして、コンピューターを使って、点字を入力していきます。

それを点字用紙に打ち出して、問題がなければ点字印刷機で印刷するという流れです。

作成に手間がかかることからも、点字図書の数を増やすには、工夫が必要です。

点字を指でなぞって読みます

点字図書が並んでいます

効果

●文字情報を点字で読むことができる

館長の声

大須賀裕子館長

毎日2500人もの人が、豊島区中央図書館を利用しています。赤ちゃんを連れた人、車いすの人など、利用者の事情はさまざまです。

今回紹介した点字図書館は、目が見えない、見えにくい人のためのサービスですが、他にも、障害があって図書館へ来るのが難しい人のために、「そよかぜ文庫」という本の定期お届けも行っています。

東京の池袋という大都市にあるので、外国の人が多いのも特徴です。そのため、外国語のホームページもあります。

どんな人にとっても便利な図書館を目指して、これからもいろいろな工夫をしていきます。

点字案内

安心して歩ける図書館

エレベーターのボタン、トイレの入り口の案内板など、色々な所で点字が使われています。

また、廊下には黄色い「点字ブロック」が続いています。

点字ブロックとは、目に障害のある人が安全に移動するために、地面や床に設置された、でこぼこのある四角形の案内表示のこと。

このような工夫で、安心して図書館を利用することができます。

途切れることなく続く通路の点字ブロック

効果

●目に障害のある人でも、安心して図書館を利用できる

考えてみよう

点字ブロックは、他にどんな所にあるかな?

コラム

AIを使って音声案内する点字ブロック

目に障害のある人にとって、なくてはならない点字ブロック。でも、点字ブロックには「進む」「注意」の2種類しかなく、細かい情報まではわかりません。

より便利な点字ブロックを作るため、AIを使った新しい研究が金沢工業大学で進んでいます。

まず、点字ブロックに情報がつまった丸や三角の黒い印を付けておきます。それを杖に取り付けたカメラで読み取ると、近くにある施設などの情報が音声で流れます。

みんなに優しい町づくりが、もっと進むといいですね。

金沢工業大学にあるAI点字ブロック

福祉 ③ 介護施設 ── 善光会

ITやロボットが人に寄りそい、みんな明るく生き生きと

善光会は、介護が必要なお年寄り向けの施設を運営していて、介護士が食事やトイレのお手伝い、健康のためのトレーニングなどを行います。

人にしかできない温かい会話やふれあいと、ロボットが得意な測定などの仕事をうまく分担して、お年寄りにも介護士にも快適な施設を目指しています。

介護施設ではどんなことで困っているのかな?

部屋からの呼び出しベルは、間違いも多いけどかけつけなきゃ…

眠りが浅い気がするけど、眠れてないのかしら

もっと楽しいトレーニングができたらなぁ

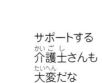

サポートする介護士さんも大変だな

見守りセンサー

介護士のように見守る

介護が必要な人は、ベッドから落ちたり、夜中に無意識に歩き回ってしまったりする危険があります。

そのため、介護士が部屋の様子を見回って、呼び出しベルが鳴ればかけつけていました。広い施設内を何度も見回るのは大変です。

そこで導入されたのが、「見守りセンサー」。ベッドの上に取り付けると、お年寄りが動いたという情報を、介護士のスマホに知らせてくれます。

そのとき、シルエット（顔がわからない輪郭だけの画像）が送られてくるので、部屋に行かなくても様子がわかり便利です。

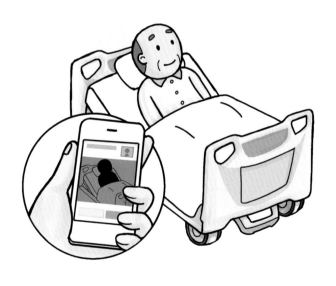

介護士がスマホで画像を確認できます

お年寄りも、ベッドの上の動きとシルエットだけなら、部屋を見られても平気ね

情報をあつかうときは、プライバシーを気にすることも大切だよ

効果

●離れた場所からでも、安全を見守ることができる
●介護士の負担が減り、お年寄りとの会話に時間を使える

健康管理システム

使う情報
- 眠りのリズム
- ぼうこうの状態

眠りの状態を測定

ベッドにひいた「眠りSCAN」で、体の動きや、呼吸、心拍を測定します。測定した情報で、眠りのリズムを分析するようプログラミングされていて、よく眠れているかどうかがわかります。

ベッドにひかれた「眠りSCAN」

ちゃんと眠れているとわかったら、安心したわ

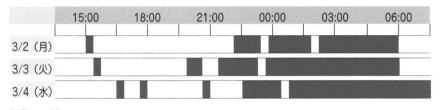

	15:00	18:00	21:00	00:00	03:00	06:00
3/2（月）						
3/3（火）						
3/4（水）						

測定した眠りのリズム。
青が「眠っている」、黄色が「起きている」、白が「ベッドにいない」を表しています

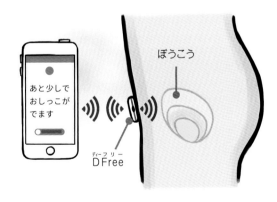

あと少しでおしっこがでます

ぼうこう

DFree

トイレのタイミングをお知らせ

お年寄りは、自分のトイレのタイミングがわからなくなることがあります。そんな不安を解消するのが、おなかに付けて、超音波でぼうこうのふくらみを測定する「DFree」です。

スマホにトイレのタイミングを知らせてくれるので、介護士はトイレのサポートがしやすくなります。

効果
▶ ●健康管理がしやすくなる

介護ロボット

●レクリエーションの内容
●脳から筋肉への信号

かわいいスタッフ
ロボットの Sota

善光会には、かわいくてかしこい、レクリエーションスタッフの「Sota」がいます。

160 種類以上の体操、ゲーム、歌などでお年寄りを楽しませます。さらに、参加者の顔と名前を覚えて、呼びかけてくれるので、飽きることがありません。Sota は、いつも施設の人気者です。

コミュニケーションロボ
Sota

体の信号で動く
装着型サイボーグ HAL

人が体を動かそうとするとき、脳から筋肉に動きを指示する信号が送られます。この信号を利用して、お年寄りの体を動かしやすくするために作られたのが、「HAL」です。

HAL は、信号を皮膚から読み取ることで、その人の思いに合わせて動きます。

この運動を繰り返すことによって、体の動きをよくする手助けをします。

効果

●楽しくレクリエーションができる
●効果的なトレーニングができる

病院

——二俣川内科・循環器内科クリニック

医療

① 病院の中でも外でも快適な医療を提供

インターネットで予約する人が増えたね

予約の間違いが減ったわ

電子カルテは情報が探しやすい

忙しいときも家で診察が受けられるよ

機械でお金が払えて便利なのよ

　町のみんなが頼りにしている病院。医師や看護師は、患者が安心して病気を治せるよう、一生懸命働いています。

　神奈川県にある、「二俣川内科・循環器内科クリニック」も、そんな町のお医者さんです。毎日多くの患者が訪れます。

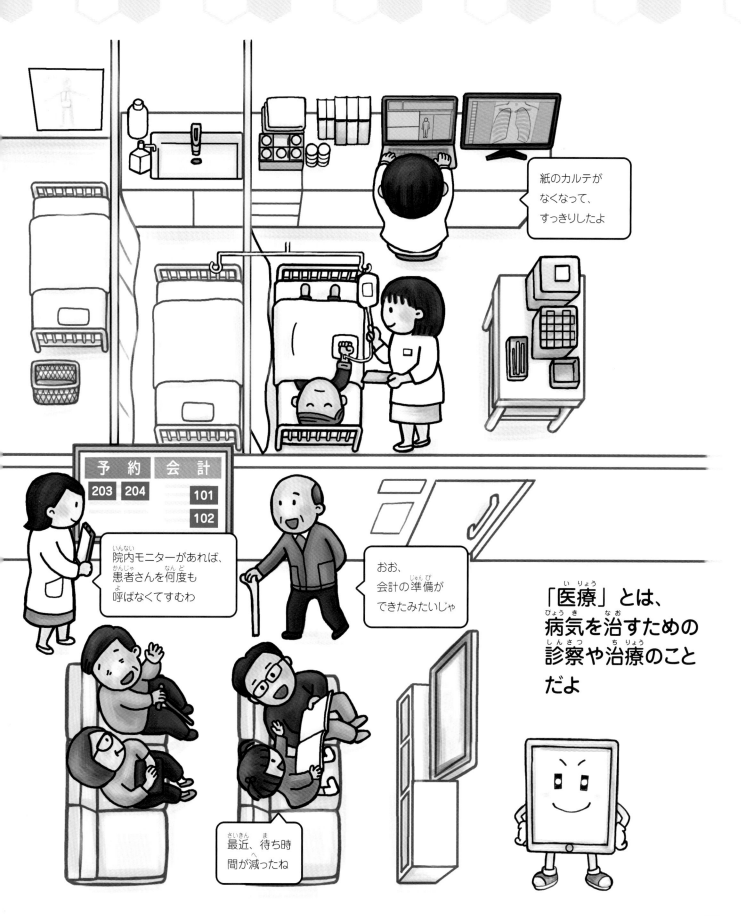

| 情報の活用1 | 確認も変更も簡単 |

オンライン予約

使う情報
- 患者の氏名
- 日時などの予約情報

いつでもどこでも予約できる

「オンライン予約」は、スマホなどで24時間、病院の予約ができるシステム。

病院が閉まっている時間や、体調が悪くて電話するのがつらいときは、特に便利です。

予約をすれば、待合室で長く待たなくてすみ、他の病気に感染することも減ります。

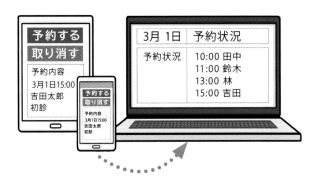

予約をすると病院のパソコンにすぐ情報が入ります

病院にゆとりができ、間違いも減る

病院も、オンライン予約に助けられています。予約やキャンセルの電話が減るので、病院に来ている患者に、ゆとりをもって対応できるのです。

また、聞き間違いや、予約帳への書き間違いによる「予約ミス」が減ることも、オンライン予約のメリットです。

家で手帳を見ながら、ゆっくり予約ができるのう

予約と一緒に、「オンライン問診票」を記入してもらえば、病院での受付時間も短くなるわ

効果

- 待ち時間や、感染リスクが減る
- 予約ミスが減る

ペーパーレスで確実な情報管理

電子カルテ

紙からコンピューター管理へ

医師や看護師が、患者一人ずつの病状や治療について記録したものが「カルテ」です。カルテには、治療方法を考えるために必要な情報がつまっています。

そんなカルテが、紙からコンピューターを使う「電子カルテ」に変わってきています。

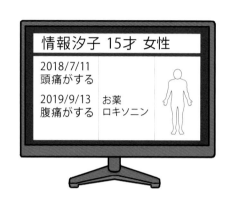

情報汐子 15才 女性

2018/7/11
頭痛がする

2019/9/13
腹痛がする　お薬
ロキソニン

このように、資料を紙ではなく電子データにすることを、「ペーパーレス」と呼びます。

紙のカルテは、走り書きした文字が読みづらい、かさばるといった問題がありました。

電子カルテは、読みやすく場所を取らず、コンピュータの検索機能を使えば、過去の情報を探すのも簡単です。

電子カルテなら場所を取らないので何年分でも保存できます

考えてみよう

電子カルテが広がると
ぼくたちにとって
どんないいことがあるかな

効果

●カルテの読み間違いを防ぐ
●検索が簡単にできて診察しやすい

オンライン診察

アプリひとつで診察が完了

　オンライン診察では、家や外出先からパソコンやスマホを使って、テレビ電話で診察を受けられます。

　病院へ行く必要がなく、待ち時間もないので、忙しい人がよく利用しています。また、遠方の人やお年寄りなど、病院に行きにくい人にとっても便利です。

　診察後は、アプリでそのまま支払いができ、薬や処方せんが郵送で届きます。

オンライン診療サービス「curon」。患者は、医者と会っているような感覚で診察を受けられます

効果
●病院へ行くのが難しい人も診察を受けられる

院長の声

　病院の仕事は患者さんの人生に大きく関わるものです。患者さんが自分の親や子どもだったらという気持ちで常に診察をしています。

　体調が悪いとき、すぐに来られて治るまで無理なく通ってもらうために、待ち時間を減らす仕組みを取り入れました。そのひとつが、オンライン診察です。育児や仕事で忙しい患者さんに便利だと喜んでもらえています。

　また、足が不自由な人でも通いやすいように、駅の近くに病院を移転しました。これからも、みんなが通いやすく頼りになる、かかりつけ医として、地域の方の健康を見守っていきます。

井守洋一院長

自動精算機

使う情報
●患者の氏名
●診察料金

患者が機械で支払い

　二俣川内科・循環器内科クリニックでは、受付の横にある白い機械、「NOMOCA-Stand」（以下、ノモカ）が活躍しています。

　ノモカは、病院内にあるモニターに受付番号を表示して、支払い（精算）の準備ができたことを患者に知らせてくれます。

　そして、病院のスタッフの代わりに、タッチパネル式の画面で金額を伝え、患者はセルフレジのように支払いをすることができます。

「NOMOCA-Stand」。大きなタッチパネルの画面でお年寄りでも使いやすくなっています

時間予約の方	
11時30分 の方まで進んでいます	会計の準備が出来た方
当日順番予約の方	自動精算機にて清算してください

により順番が前後する場合がござい

壁にかけてあるモニターで、患者が自分の順番を確認できます

機械は、お金など数字の情報をあつかうのが得意なんだよ。だから、おつりを間違えることもないね

効果
●患者の待ち時間が減る
●おつりの間違いがなくなる

医療 ② 薬局 ── 雄飛堂薬局

薬剤師と機械が力を合わせて、患者の安全を守る

病院で処方せんをもらったら、薬局に行きます。処方せんとは、必要な薬の種類や量を書いた紙のこと。薬剤師は、一人一人に合わせた薬を準備します。

雄飛堂薬局では、最新の機械が薬剤師をサポートしています。薬剤師の深い知識と、機械の正確な作業のおかげで、安心して薬がもらえるのです。

薬剤師が薬を渡すまでの流れ

①処方せんを受け取る

受付で患者を出迎える。「処方せん」と「お薬手帳」を受け取り、問診票を書いてもらう。

②薬の情報が正しいか確認

処方せんに書かれた薬が正しいかを確認。疑問があれば、医師に電話で確かめる。

③薬の用意

必要な薬を出し、袋や容器に分けて入れる。用意した薬が正しいか、ほこりが入っていないかを確認する。

④薬を渡す

患者に、飲み方や注意点を説明しながら、薬を渡す。そのとき、お薬手帳に薬の情報を書く。

　スマホから見られる

電子お薬手帳

●薬の名前や飲み方
●患者の薬の使用経験

健康を守ってくれるお薬の情報

お薬手帳は、薬の名前や使い方を記録するものです。

患者がこれまで使った薬や使用期間がわかるので、薬剤師は、薬の飲み合わせに問題がないかなどを判断できます。

「飲み合わせ」は、薬同士の相性のことだよ。飲み合わせが悪いと、効き目がなくなったり、体調が悪くなったりしてしまうんだ

薬剤師さんは、薬や体の知識がたくさん必要だね

いつどこで、なんの薬をもらったかがわかる

スマホでお薬手帳を

お薬手帳は、薬を飲むときの安全を守るために、とても大切な情報を記録しています。

紙だったお薬手帳を、スマホで使えるようにしたものが、電子お薬手帳です。

外出先で急に薬局に行くことになったときでも、スマホがあれば大丈夫。紙の手帳をもっていなくても、薬の使用経験がわかるので安心です。

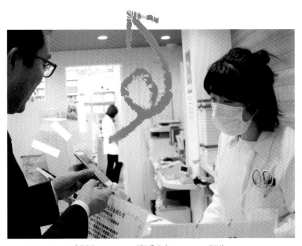
受付で電子お薬手帳を見せる患者

効果
●紙のお薬手帳をもち歩かなくていい
●スマホから薬の名前や使用経験が見られる

薬準備システム

薬の取り間違いを防ぐ

　薬剤師は 1,000 種類以上の薬が入った棚や引き出しから処方せんに書いてある薬を取り出します。

　このとき、薬の取り出し間違いを防ぐのが、「取り出しサポート機器」です。取り出した薬のバーコードを読み取ると、処方せんの情報と比べて、正しい薬かを教えてくれます。

間違った薬を取り出すと、アラームが鳴ります

オレンジの容器にそれぞれ違う薬が入っています

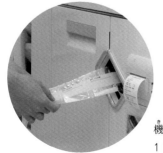

機械の下から、
1 回分ごとに分かれた
粉薬が出てきます

自動で薬を作る機械

　処方せんの内容をタッチパネルに入力すると、薬を選んで必要な量を自動で測ります。それを、1 回分ごとに分けて、袋に包んでくれます。

　大量の粉薬を全自動で一度に包むことができるので、早く正確に薬が用意できるようになりました。また、密閉された機械を使うことで、ほこりも入りません。

効果

●正しい種類、量の薬が準備できる
●薬の準備時間が短くなる

健康相談会

相談会や健康測定

　雄飛堂薬局では、地域の住民を集めて健康相談会を開いています。

　「薬を飲み忘れたときはどうすればいいの?」「お店で買った薬との飲み合わせは大丈夫かな」といった悩みに薬剤師が答えます。

　他にも、筋肉の量や骨の丈夫さを計測したりしています。

　薬剤師は、自分のもっている専門的な情報を活かして、町のみんなの健康を見守っているのです。

地域の住民を集めた相談会

効果

● 薬の正しい知識を得られる

薬剤師の声

　薬剤師の役割は、患者さんに正しい薬を、正しい飲み方で使ってもらうことです。

　薬を間違えずに渡すことはもちろん、使い方をわかりやすく伝えたり、心配事を聞き出したりするように、心がけています。

　そのために、患者さんの小さな変化を見逃さず、「もしかして、こんなことで困ってないですか?」と話しかけます。すると、「実はね…」と、お医者さんには言えなかった話をしてくれることもあるんですよ。

　みなさんも、薬局に来たときは、どんなことでも気軽に相談してみてくださいね。

薬剤師　河西智之さん

医療機器メーカー ── オリンパス

医療③ 機器の開発から研究まで
最新技術で医療を支える

病院で、診察や治療に使う道具が、「医療機器」です。体温計やちょうしん器などの小さなものから、レントゲンをとる装置のように大きなものまであります。

オリンパスは、小さいカメラを体の中にいれて検査する「内視鏡」で世界一の会社です。最新の技術で新しい機器を開発し、医療業界を発展させています。

病院で内視鏡が使われている
様子を見てみよう

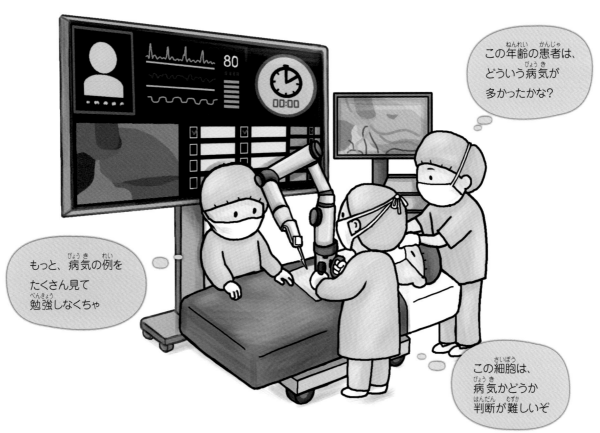

この年齢の患者は、どういう病気が多かったかな?

もっと、病気の例をたくさん見て勉強しなくちゃ

この細胞は、病気かどうか判断が難しいぞ

　進化する検査機器

ＡＩ拡大内視鏡

拡大して、病気を知らせる

　内視鏡は、口やお尻から管を入れ、胃や腸の中を撮影して病気を探す医療機器です。管の先に、小さなカメラがついています。

　オリンパスでは、進化した内視鏡「Endocyto」を開発。けんび鏡のように拡大し、小さな細胞まで見えるようになりました。

　そして、AIが、撮影した画像を見て、何パーセントの確率で病気かを知らせてくれます。

効果

●今まで発見できなかった病気が見つかる

内視鏡の先端にはカメラがついています

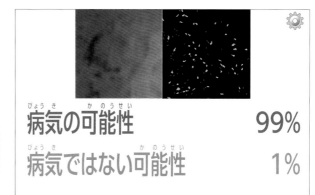

| 病気の可能性 | 99% |
| 病気ではない可能性 | 1% |

ＡＩが99%病気であると知らせてくれています

開発者の声

「Endocyto」開発リーダー　舘林貴明さん

　内視鏡には、いろいろな機能が付いています。これらの機能を進化させて、今まではわからなかった病気を見つけられるようにするのが、僕の仕事です。

　お医者さんと相談を重ね、どんな内視鏡なら役に立つかを決めていきました。それからもたくさんの人に協力してもらい、ようやく完成したのが「Endocyto」です。

　苦労して作った内視鏡を、はじめてお医者さんに使ってもらい、喜んでくれたときの感動は忘れられません。

　これからも研究をして、どんな病気も見つけられるような、内視鏡を作り、医療に貢献できる開発者になりたいです。

情報の活用2　お医者さんに役立つ情報を
医療情報共有ホームページ

使う情報
- 医療機器の正しい使い方
- 治療の情報

正しく機器を使ってもらうために

医療機器メーカーは、機器を開発するだけでなく、医師や看護師に、機器の正しい使い方を知ってもらわなければなりません。

そこでオリンパスは、「メディカルタウン」というホームページを作りました。

医療関係者向けホームページ「メディカルタウン」

オリンパスの機器をうまく使ってもらうために、使い方を写真や動画で細かく説明しています。

また、いろいろな内視鏡の撮影画像を紹介していて、経験の少ない医師が、病気を見つけるコツを勉強するときに便利です。

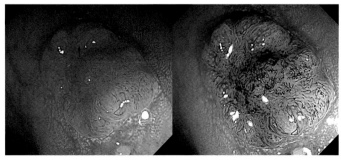

内視鏡で撮影した大腸の内部。
右は特殊な光を当てて、病気をわかりやすくしています
※写真提供：佐野病院、佐野寧先生

使い方の説明の他にも
食べ物の成分表も
商品を使う人のための
情報だね

効果
- 医師が機器の使い方を勉強できる

34

医療情報分析システム

情報をまとめて研究に活かす

医療の発展のため、どんな人がどんな病気になりやすいかを研究することは大切です。「Vivoly」というシステムを使うと、患者の情報を整理することができます。

たとえば、システムに年齢や生活習慣、治療内容といった情報をためていきます。すると、どんな患者に、どんな検査や治療を行ったのかが、グラフでわかります。

このように、医療の研究を支えるシステムを開発するのも医療機器メーカーの役割です。

病気の場所と治療方法、内視鏡の写真をパソコンで入力します

お医者さんたちは、治療だけでなく、研究もしているんだね

治療した結果をグラフなどにして分析できます

考えてみよう

医師はどうして研究を続けるのかな?

効果
●医師が病気の傾向などを研究できる

知っておきたい 情報キーワード

この本には、情報に関する言葉がたくさん出てきます。そのほとんどが英語からくる言葉で、中にはそれを略している言葉もあります。ここでは、「情報を活かして発展する産業」を学ぶ上で知っておきたいキーワードを紹介します。

システム

何かの目的を達成するために、物や技術などを組み合わせて作った、仕組み全体のこと。

近年、コンピューターやインターネット、そして情報を組み合わせて、世の中が便利になるITシステムがたくさん生み出されています。

物の様子や特徴を感知するセンサー、動き方のルールであるプログラム、動くことができる部品、この3つをもつ機械のことを、ロボットといいます。

工場や介護の現場、そして家庭でも、人間の代わりにいろいろなことをしてくれます。危険な場所や、力がいる仕事、繰り返し行う動きは、特にロボットの得意分野です。

最近では、AIを使った、より人間に近い動きができるロボットも作られています。

ロボット

世界中のコンピューターをつなげる仕組みのこと。ケーブルや、目に見えない無線と呼ばれる技術を使ってつなぎ、お互いに情報のやりとりができるようになります。

インターネットのおかげで、離れていても、メールを送ったり、ホームページを見たりできるのです。

今では、コンピューターさえあれば、世界中のほとんどどこでも、インターネットを利用することができます。

インターネット

アプリ

アプリケーションの略。コンピューターで何かをするために、コンピューターの動き方のルールを決めて、まとめたものです。コンピューターにルールを指示することを、プログラミングといいます。

アプリには、文章を書くためのワープロアプリ、音楽を聞くための音楽アプリ、メールアプリ、ゲームアプリなどさまざまな種類があり、後からコンピューターに追加することもできます。

コンピューターの中にある文書やイラスト、写真などの情報を、本のように整理してまとめます。まとめたものを、インターネットを利用して、他のコンピューターから見られるようにしたものがホームページです。ウェブサイトとも呼びます。

ホームページを作るには、プログラミングをして、それぞれの情報がどんな風に見えるようにするか、コンピューターに指示する必要があります。

ホームページ

プライバシー

他の人には知られたくない個人的な情報のことで、注意してあつかわなくてはいけません。

友達とのメールや、家族写真、恥ずかしい失敗など秘密にしておきたいことを、誰かが他の人に知らせてしまったら、嫌な気持ちになるはずです。人のプライバシーを勝手に公開すると、犯罪になってしまうこともあります。

ペーパーレス

コンピューターを利用して、紙（＝ペーパー）を減らす（＝レス）ことです。紙に書いたり、印刷したりしていた情報は、電子化、つまりコンピュータがあつかえる電子データに換えられます。

紙の保管場所がいらなくなる、検索や修正が簡単にできるなどのメリットがあります。

オンライン

インターネットにつながっている状態のことです。反対に、つながっていない状態を、「オフライン」といいます。

オンラインゲーム、オンラインストア、オンライン予約などは、すべて、インターネットにつないで利用するサービスです。

IC カード

IC は integrated circuit の略で、情報の記録や計算ができる小さな部品のこと。たくさん記録でき、悪意のある人に書き換えられにくいことが特徴です。記録された情報は、専用の機械を使って読み取ります。

この IC が付いたカードが IC カードです。交通機関に乗るときに利用する Suica などの交通系 IC カード、支払いに使う IC クレジットカードなどがあります。